Marta Muñoz Galilea

APULEYO EDICIONES   FOMENTO DE VALORES   CUENTOS ILUSTRADOS

NUNCA PIERDAS DE VISTA AL COLIBRÍ

APULEYO EDICIONES   FOMENTO DE VALORES   CUENTOS ILUSTRADOS

A todos los Lucios,
que alguna vez atravesaron este camino.

A todas las Arenitas,
que nos enseñaron a ser fuertes
y nos hicieron demostrarlo tras su partida.

A todos los colibríes,
que nos guiaron en el camino de vuelta a
casa.

A Abril,
que nunca se fue del todo
y prueba de ello es esta historia.

«Nunca se van del alma quienes hicieron
magia en nuestra vida».

Danns Vega

Lucio acaba de perder a su compañera Arenita. Siempre pensó que serían inseparables, que pelearían juntos contra monstruos y piratas, que explorarían el mundo entero encontrando ciento un tesoros. Pero una cruel enfermedad arrebató de su lado a su fiel amiga.

Está tan triste que no entiende lo que le pasa, porque nunca había sentido nada igual. A veces es como si no hubiera pasado nada, pues nadie puede asimilar algo así tan rápido. Otras, no deja de llorar y le duele tanto el pecho que por fin entiende eso que dicen los mayores de «romperse el corazón». Debe de ser eso lo que le pasa, porque duele. Mucho.

Se siente vacío, como si le faltara un brazo, como si ya no fuera «Lucio, el mejor narrador de aventuras, el ser más creativo del planeta». Ahora es... «Lucio a secas».

Se siente perdido. Ya no sabe lo que le gusta y lo que no, lo que está bien o está mal. Ya no quiere jugar a navegar por las estrellas, porque no tiene a su copiloto al lado. Tampoco es capaz de prestar atención en clase. No quiere salir al parque y nada de lo que antes le gustaba le apetece ahora.

Simplemente se queda en silencio, aunque en su interior hay mucho ruido y no deja de repasar segundo a segundo aquel fatídico día. Su cabecita necesita entender por qué pasó, por qué a él. Perdón... por qué a Arenita, si era la mejor perrita del mundo. Pero no sabe que para eso nunca habrá una respuesta. Porque esa no es la pregunta correcta, aunque eso lo descubrirá... *a lo largo del camino.*

—¿Qué? ¿Dónde estoy? —pregunta Lucio aturdido—. ¿Cómo he llegado aquí?

Nadie contesta. Está solo, en mitad de una cueva llena de humedad y estalactitas. Es un lugar inhóspito donde nadie quisiera pasar mucho tiempo. Hace frío y apenas se ve nada.

De pronto, algo se mueve en la oscuridad. Algo que desprende una tenue estela de luz. Lo único agradable que existe en ese lugar. Esto llama poderosamente la atención de Lucio, que trata de acostumbrar su vista a la oscuridad para descubrir qué es aquello que vuela de forma tan elegante por la cavidad.

La sutil luz se acerca y mantiene su vuelo frente a la cara de asombro de Lucio.

«Un colibrí... ¿Qué hace aquí un colibrí? ¡Lucio, despierta! ¿Estás loco o qué? Tengo que descubrir dónde estoy, cómo salir de aquí... ».

El ave se aleja dejando una estela de colores. Lucio la sigue de forma instintiva mientras continúa en su bucle de pensamientos sin prestar atención al camino.

«¿Qué hace aquí un colibrí...? Mejor dicho, ¿qué hago yo aquí? ¿Estoy soñando? ¿Estaré enfermo y estaré delirando?».

—¡Alto! —dice una voz de forma inesperada.

Lucio mira al suelo, desde donde procede la voz:

—¡AAAAAH! ¡Una araña, una araña! ¡¡SOCORROO!! —grita entrando en pánico.

—Para, amigo, no me tengas miedo. Estoy aquí para ayudarte.

—Siempre me dieron miedo las arañas —dice el niño todavía sintiendo su corazón a punto de salirse del pecho.

—Bueno, y ahora que me tienes delante...
¿Qué tal? No soy para tanto, ¿verdad?

—Bu-bueno... —comienza a recuperar la
respiración.

—Los mayores miedos los crea la mente y
no sirven para nada. Lo descubrirás a lo largo del camino. Ahora dime, ¿quién eres?

—Lucio.

—¿Lucio qué más?

—Lucio a secas. —Se encoge de hombros.

—Muy bien, Lucio a secas. Bienvenido al
Camino del Duelo. Es un camino largo, pe-
ligroso y hostil. Tendrás que tener cuidado
con tus pensamientos. De lo contrario, tardarás mucho en salir de aquí.

—¿El camino de qué? Oye, no tengo ganas
de jugar ahora. Este sitio es horrible —dice
mirando a su alrededor—. Dime cómo volver
a casa.

Pero la pequeña araña ha desaparecido.

—¿Araña? Araña, ¿cómo salgo de aquí? Vale, no eres tan fea ni tan horrible. Venga, dime cómo puedo salir de este sitio. Tengo miedo, todo está oscuro y hace frío. ¡¡Araña!!

Cuando Lucio comenzaba a desesperarse sintiendo la humedad y la oscuridad de aquella cueva, vuelve a aparecer la estela del colibrí. El pequeño comienza a correr con miedo a perderla de nuevo. Durante la carrera, de forma inesperada algo choca contra él. ¡Un murciélago!

—¡Oye, mira por dónde vas! —se queja el mamífero mirando a Lucio—. Oh, un muchacho. Hacía mucho que no veía uno por aquí —dice acercándose un poco más, con curiosidad—. Debes de ser muy valiente, ¿cómo te llamas?

—Lu-Lucio... —contesta exhausto recuperando el aliento.

—¿Lucio qué más?

—Lucio a secas —responde molesto por volver a escuchar esa pregunta sin sentido.

—Siempre hay algo más detrás de un nombre. Lo descubrirás a lo largo del camino.

—¿Qué camino? ¿Por qué todo el mundo habla del camino? ¿Por qué hablan los animales? ¿Por qué sois todos tan feos? Estoy harto, quiero irme a mi casa —explota ya sin poder contener toda esa frustración que le lleva acompañando desde que llegó a aquella cueva.

—Calma, chico. No tengas prisa o tardarás más en salir de aquí —continúa su vuelo alejándose poco a poco de Lucio—. Debes confiar en ti, en el tiempo y no perder de vista al colibrí. NUNCA PiERDAS DE ViSTA AL COLiBRí —grita perdiéndose en la oscuridad.

Lucio se queda un momento quieto, observando de nuevo la oscuridad que hay a su alrededor. Comienza a tiritar y decide caminar para entrar en calor mientras sigue ensimismado en sus pensamientos.

«¿Por qué todo el mundo aquí es tan extraño? ¿Desde cuándo los bichejos hablan? ¿Por qué hay un colibrí en un sitio tan feo como este? ¿Qué hago yo aquí?», vuelve a preguntarse una y otra vez. «¡Quiero irme a casa, encerrarme en mi habitación y comer un montón de gominolas! Estoy harto de este sitio».

Comienza a llorar presa del agotamiento y la tristeza.

«Si Arenita estuviera aquí... ella seguro que sabría cómo salir. Con su olfato encontraría el camino de vuelta. La echo de menos.

Me creía invencible a su lado. Podía hacer frente a cualquier cosa porque estaba ella. Y ahora...». Frunce el ceño y se zambulle en los peores pensamientos. «Seguro que podría haber hecho algo más para salvarla. Si hubiera estado más atento ahora estaría aquí explorando esta cueva conmigo. Ni siquiera le dije que la querí...».

¡Plof!

Lucio, enfrascado en esos pensamientos tan horribles, cae al agua. Un agua oscura, fría. Un agua que parece tener la fuerza suficiente para llevarle hasta el fondo del lago. Desesperado, abre los ojos debajo del agua. Ve un pez negro borroso con unos bigotes tan grandes que, en una situación diferente, hubieran sido graciosos.

—Ay, no..., hijo... ¿Tan pequeño y por aquí? —le saluda el anciano pez—. No deberías estar aquí. Este es el Lago de la Culpa, no tienes cara de ser culpable de nada. Te ayudaré a subir, pero recuerda una cosa —habla seriamente preocupado—: solo tú puedes evitar volver a este sitio. Te aseguro que no es tu lugar. ¡Rápido! —Urge recordando que el niño no tiene oxígeno—. Terminarás ahogándote en tus propios pensamientos si no subes a tiempo.

Antes de irse, mientras Lucio llega a la superficie y coge una gran bocanada de aire, el sabio pez le susurra:

—Por cierto, quizás no se lo dijeras, pero ella lo supo. Hiciste un gran acto de amor dejándola ir.

Lucio sale rápidamente del lago, temiendo volver a hundirse. Se tumba en el suelo, respirando profundamente varias veces. Necesita recuperar oxígeno, pero, por primera vez desde que está en ese sitio, se siente un poco mejor. Las últimas palabras del pez han calmado levemente su malestar.

«Qué sitio tan extraño... ¿Por qué esta gente sabe tanto de mí?», continúa tumbado.

Con la respiración ya recuperada, descansando, recuerda: «¡El colibrí! Lo he perdido. DIJERON QUE NO PERDIERA DE VISTA AL COLIBRÍ».

Se incorpora para sentarse y observa la cavidad donde se encuentra. El Lago de la Culpa ocupa la mayor parte del lugar, es oscuro y tenebroso. Él ha estado ahí abajo, piensa, quizás sea más valiente de lo que creía.

Al mismo tiempo que llega a esta conclusión, aparece el colibrí. Diminuto, sutil, pero capaz de llenar la oscuridad de esa sala con su estela.

«¡Lo sabía! Sabía que volvería». Se levanta de un salto y va tras él. El colibrí es rápido y Lucio tiene que aligerar el paso. Poco a poco, comienza a entrar la luz y el camino se hace más liviano.

El suelo deja de ser liso y resbaladizo y aparecen pequeñas piedras que hacen sonar los pasos de Lucio. Unos pasos cada vez más firmes.

Continúa siguiendo la estela, aunque, al haber ya mucha luz, esta se va desvaneciendo en el ambiente.

El paisaje ha cambiado, ya no es una cueva fría y oscura. Permanece la humedad, pero ahora el camino está lleno de vegetación, en el suelo hay tierra y se oyen cantos de pájaro. De hecho, hay uno de ellos que se diferencia del resto y Lucio camina en su busca. Quizás sea el colibrí.

—Un momento... tú no eres el colibrí —dice al ver posado sobre una rama a un ave con unos colores intensos y una larga cola.

—Hola, niño. No, tu amigo el colibrí fue por otro camino. Yo soy un quetzal. ¿Quién eres tú?

—Lucio —resopla cansado, otra vez, de la misma pregunta.

—¿Lucio...? —pregunta esperando algo más.

—Lucio, el niño que está harto de estar aquí —responde enfadado.

—Ah, bueno. Supongo que querrás volver a casa. Aún te queda un largo camino.

—Pero si ya he salido de la cueva —se resiste—. No puedo estar lejos de casa.

—Me temo que sí, pequeño. Aún queda mucho que aprender antes de regresar.

—¿Aprender qué? —explota—. ¿Qué es lo que tengo que aprender? No quiero aprender nada. No quiero ser fuerte, no quiero ser valiente. Solo quiero volver a casa con Areni...

—... Aprender a vivir sin ella —sentencia el animal.

Lucio rompe a llorar ante la rotundidad de las palabras del ave. Todo se le viene encima y deja salir toda su rabia:

—¡No! ¡No quiero! Me niego. No es justo. Ella era buena, pero nunca tuvo suerte. No merecía irse tan pronto.

—Calma, Lucio. Deja que te explique: a veces los humanos cometéis el error de pensar que una vida solo es buena si es larga. —Encoge las alas—. Arenita tuvo suerte, te tuvo a ti y fue muy feliz. Tú le diste sentido a su vida. Cierto, una vida corta, pero plena. Eso es tener suerte. Y ahora ya descansa, no sufre.

—Pero yo sí, yo sí sufro. Y nadie hace nada —solloza sin dar sentido todavía a las palabras del quetzal.

—Porque no pueden. Solo tú puedes encontrar el camino de vuelta. Ellos pueden acompañarte, pero eres tú el responsable de volver a ser tú mismo. Tienes una misión muy importante: dejar de ser Lucio a secas y volver a ser algo más.

El niño no soporta más el discurso, grita y se va dando golpes a todas las piedras que encuentra por su camino.

«¡Qué sabrán ellos! Todos piensan que saben mucho de mí, estos animalejos sabiondos...».

Una de las piedras golpea con fuerza a un... ¿¡¡ALACRÁN!!?

—¡Eh! ¡Ten más cuidado! —grita el negro artrópodo moviendo sus pinzas.

—¡Otro bichejo que habla! A ver, ¿qué me vas a contar tú ahora? ¿Que todo esto es culpa mía? ¿Que no consigo llegar a casa porque no quiero? ¿Que soy un fracaso que no es capaz de cuidar de nadie? ¿Qué? ¿Eh? A ver...

—Quieto, chaval. Tienes derecho a estar rabioso, pero no a escupir tu veneno a los demás. Tampoco a pensar esas cosas tan horribles sobre ti. Nada de esto es culpa de nadie. Es la vida. Aquí no hay culpables.

—Qué sabrás tú, si solo eres un bichejo con cola —responde sin medir sus palabras.

—Te lo advertí. —Empina la cola—. Tu dolor no justifica que seas injusto.

Al ver la cola empinada, Lucio retrocede caminando hacia atrás sin llegar a ver que hay un gran agujero en el suelo.

—¡AAAHH! —grita mientras va cayendo al vacío.

Afortunadamente, cae en una zona embarrada cercana al agua, lo cual amortigua un poco la caída.

Lucio se levanta dolorido, desorientado. Mira a su alrededor y... «Oh, no», esa cueva le resulta familiar.

—Ay, muchacho... Qué duro es volver —dice un cangrejo.

—¿Volver? ¿Volver a dónde?

—Al principio del camino. Es normal, tranquilo. El Camino del Duelo no es un sendero recto, suele haber caídas y retrocesos. Ahora, dime, ¿qué ha pasado ahí arriba para que hayas tenido que volver?

—Me enfadé con un alacrán —responde Lucio malhumorado.

—Oh, vaya. ¿Quizás le hablaste como no debías? —adivina.

—¿Cómo lo sabes?

—Cuando uno vuelve a la cueva es porque ha sido injusto, con los demás o consigo mismo. Me parece que tú lo has sido con ambos, ¿me equivoco? —vuelve a acertar.

—Todo el mundo aquí piensa que soy un inútil que no sabe volver a casa. —Comienza a llorar.

—¿Todo el mundo o tú? Cuida cómo te hablas. *Tú mismo puedes ser refugio o tormenta.*

Lucio detiene el llanto y le mira, confuso, sin entender. El cangrejo continúa su discurso:

—Todos quieren ayudarte, Lucio. Pero es difícil saber cómo. No a todo el mundo le sirven los mismos consejos, ni tienen el mismo recorrido de vuelta a casa.

—¿Por qué sabes mi nombre? —pregunta obviando las últimas palabras.

—Oh, bueno... tu madre estuvo aquí —contesta despreocupado mientras mira sus pinzas.

—¿Mi madre?

—Sí, hace unos años. Cuando falleció tu abuelo. Tú eras muy pequeño.

—Entonces ella conoce el camino. ¡Vendrá a buscarme y volveremos a casa!

—No. —El crustáceo deja de mirarse las pinzas y pone toda su atención en el niño—. Como te he dicho, cada travesía es diferente. Ella ya recorrió la suya y *tú fuiste su colibrí*. Esta vez no puede venir, porque no es su recorrido. *Solo tú puedes encontrar el camino de vuelta.*

—¡Yo no soy un colibrí, soy una persona! —estalla, cansado de todo aquello—. Sois muy extraños los animales de este sitio. Todos dais lecciones, pero nadie me dice cómo salir de aquí. —Comienza a alejarse buscando la salida.

—¿Seguiste al colibrí? —grita para que el niño pueda oírle.

—Hace rato que lo perdí de vista —responde sin mirar atrás.

—NUNCA PIERDAS DE VISTA AL COLIBRÍ.

Lucio continúa su camino, harto de las lecciones de los animales de aquel lugar. Creía recordar por dónde estaba la salida de esa cueva, pero lleva un tiempo deambulando y no logra ver la luz exterior. Decide parar a descansar. Está tan agotado que se duerme apoyado en unas rocas.

Al despertar, no recuerda lo que ha soñado, pero hay unas palabras que resuenan en su mente: «La salida es hacia dentro». El pequeño no entiende aquella frase tan contradictoria. «¿Cómo voy a salir de la cueva caminando hacia el interior?». Le parece tan absurdo que no le da importancia y se olvida de ello. Quizás cuando sea mayor llegue a entenderlo.

Aburrido, sin saber qué hacer ni qué dirección tomar, decide coger piedras del suelo. Las apila jugando con los tamaños, buscando el equilibrio, creando una figura vertical. Después de tanto enfado y cansancio, parece que ahora se siente un poco más relajado.

Suspira tranquilo mientras observa su obra de arte.

Algo se posa en la punta de la estructura, logrando el equilibrio perfecto. Efectivamente, el colibrí.

Lucio sonríe aliviado. Le observa, ahí posado, tan pequeño y a la vez tan majestuoso. Es una criatura mágica, especial. Hay algo en él que le hace avanzar.

El ave retoma su vuelo y Lucio le sigue. Esta vez con calma, sin prisa.

Después de mucho caminar, aparecen en una hermosa laguna rodeada de manglares. Un sol imponente baña aquel lugar con una luz clara haciendo que las aguas sean aún más cristalinas.

Hace calor y Lucio decide refrescarse en el agua. Un azul turquesa inunda el lugar. Apenas se distingue el cielo del mar en el horizonte.

«Qué bien se está aquí. Arenita disfrutaría mucho bañándose en estas aguas. Siempre perseguía a los peces grandes. Le encantaba nadar a mi lado. Ha sido tan feliz».

Sumergido en sus pensamientos, el pequeño valiente nada alejándose de los manglares hacia mar abierto. El agua sigue siendo transparente, tanto que puede ver estrellas de mar posadas en el fondo.

Sigue recordando momentos felices con Arenita, como aquel día que fueron a pasear por acantilados al calor del sol de invierno. Siempre vigilaba que la manada estuviera unida, que nadie se saliera del sendero.

Sonríe, pero algo roza una de sus piernas y le saca de sus pensamientos. Se incorpora rápidamente, asustado.

—Hola, qué bonitos recuerdos —saluda un divertido delfín—. ¿Cómo te llamas?

—Lucio —responde aburrido sabiendo cuál es la siguiente pregunta.

—Lucio... ¿el niño que recuerda bonito?

—Si tú lo dices... —responde intentando no mostrar su sorpresa.

—Tienes suerte de guardar tan bellos recuerdos.

—Sería mejor si no lo fueran.

—¡Desde luego! Pero no todo el mundo tiene la suerte de recordar bonito, ¿sabes? Los adultos a veces se empeñan en recordar únicamente lo que ya no está y entonces se ponen tristes.

No es justo para nuestros seres queridos que sus recuerdos nos pongan tristes, ¿no crees? Los humanos sois bastante complicados.

Lucio se queda en silencio, sin saber qué decir. Es demasiado pequeño para entender lo que dice, o quizás no.

—No lo sé, yo solo soy un niño explorador.

—Muy bien, Lucio, el niño explorador, *sigue recordando bonito*. —Reanuda su camino—. *Te acercará a casa*.

Al mismo tiempo que el delfín se aleja, aparece un banco de peces de colores brillantes y llamativos. Lucio decide seguirlos, pues van en la misma dirección que la estela del colibrí.

Al comenzar a nadar, siente que le cuesta mucho avanzar. Los peces continúan su marcha y cada vez están más lejos. A pesar de que Lucio se esfuerza en nadar y recordar bonito, siente que no avanza y que cada vez está más lejos del colibrí.

Cuando comenzaba a sentir que se le agotaban las fuerzas, aparece una tortuga. Pero no una tortuga cualquiera, sino una tortuga con un corazón, perdón, caparazón enorme.

—Joven, ¿por qué nadas contracorriente? —pregunta frunciendo su anciana cara.

—Necesito llegar a casa —contesta Lucio sin dejar de nadar.

—Entiendo... ¿y no crees que será mejor dejar de pelear contra la corriente?

—El colibrí se fue en aquella dirección, dijeron que no perdiera de vista al colibrí. —Sigue nadando, ya desesperado, con pocas fuerzas.

—Pero la corriente va para allí. —Señala con una aleta en dirección contraria—. Qué más da un ligero desvío. Quizás te lleve por un camino mejor.

—Pero... —comienza a replicar Lucio sin saber qué decir.

—Vaya, disculpa, no te he preguntado tu nombre.

—Soy Lucio, el niño explorador que recuerda bonito —contesta sorprendiéndose a sí mismo por la respuesta.

—¡Me encanta! —exclama la tortuga ilusionada—. Tienes mucha suerte.

—Como te decía — deja de nadar—, necesito volver a casa.

—Claro, Lucio. Recordar bonito te acercará a ella, pero ir contracorriente y tener prisa te alejará todavía más.

—Pero antes he visto peces en esa dirección y nadaban más rápido que yo —replica frustrado.

—Cada travesía es diferente. A veces tienes la corriente a tu favor, otras en contra. No puedes resistirte a ella, deja que la corriente te lleve o te agotarás y tardarás mucho más en volver a casa.

Lucio se queda en silencio. De nuevo, sin saber qué decir. Él, que siempre tiene palabras para todo, en este viaje no las encuentra.

La tortuga comienza a alejarse, siguiendo también su camino y se despide.

—Sigue recordando bonito. —Levanta una aleta en señal de despedida—. ¡Y NO PIERDAS DE VISTA AL COLIBRÍ! —grita perdiéndose en la inmensidad.

Lucio le despide con la mano y continúa en silencio pensando en todo lo que la anciana tortuga le ha dicho. Quizás tenga razón. Se siente agotado, no tiene fuerzas para seguir nadando.

Muy poco a poco, el color azul del agua comienza a cambiar, pasando a colores cálidos propios del atardecer.

Ahora sí, el cielo y el mar se entrelazan en el horizonte mientras el sol se va escondiendo. Una fiesta de colores inunda el lugar: rosa, amarillo, naranja, rojo, incluso unos tímidos azules y morados. Nunca antes había visto un atardecer tan especial.

«Qué sitio tan maravilloso», piensa.

Siente tanta calma que no se da cuenta de que está flotando en el mar en plena oscuridad, algo que siempre había temido. Cuando se percata de ello, se asusta y comienza a bracear, perdiendo esa serenidad que había traído consigo el atardecer. Aunque sabe nadar, está tan nervioso que le cuesta mantenerse a flote y siente que se hunde por momentos. Piensa que no tiene escapatoria, pero de pronto nota cómo unas... ¿¡PINZAS!? tiran de su ropa y le sacan a la superficie.

No, no son unas pinzas, ¡es el pico de un flamenco rosado!

—Vaya susto, pequeño. A poco te ahogas. ¿Cómo te llamas?

Lucio tose y coge aire intentando recuperar la respiración. Por fin consigue responder:

—Lucio, el niño explorador que recuerda bonito, dicen.

—Ah, ¿y es así? —pregunta curioso.

—Supongo... —Sigue recomponiéndose del incidente.

—Yo creo que sí. Si no, no estarías aquí, brillando en plena oscuridad —revela el flamenco con la cara llena de ilusión mirando al agua.

Lucio observa a su alrededor. Es cierto que todo está oscuro, pero en cada movimiento que hace, el agua brilla. Mueve sus manos en el agua, queriendo asegurarse de que no está soñando. El agua brilla entre sus dedos.

—Es magia —exclama maravillado.

—En realidad, es tu esfuerzo. A veces hace falta estar en plena oscuridad para ver tu propia luz. Y es entonces cuando ocurre la magia.

—No entiendo nada —dice mientras sigue jugando con el agua.

—Llevas un largo camino recorrido. Sin camino, no hay progreso, no hay avance, no hay aprendizaje. Sin proceso, no hay magia. La magia de brillar ante la adversidad.

—Pero yo estoy triste, no quiero brillar. No quiero olvidar a Arenita.

—¿Quién ha dicho eso? Dejarte llevar a favor de la corriente o brillar en la oscuridad no significa que vayas a olvidarla. Simplemente, no te resistes a la realidad. Y eso, amigo, es un billete de vuelta a casa —dice mirando cómo aparece el colibrí.

Aturdido con tanta información y adormilado, como si estuviera en un sueño, Lucio sigue una vez más al colibrí. El flamenco le observa marchar mirándolo con ternura. Si él supiera lo valiente que es...

El niño sale del agua y se adentra en la selva. Aunque comienza a amanecer, aún hay poca luz y se escuchan todo tipo de animales. Lucio tiene un poco de miedo, pero, siguiendo las enseñanzas de la araña, confía en que sabrá cómo actuar si sus mayores miedos se cruzan en el camino.

Esta vez no pierde el tiempo pensando en situaciones ficticias. En lugar de eso, le vienen a la mente recuerdos con Arenita paseando por lugares parecidos al que se encuentra. Piensa qué estaría haciendo en ese momento: olfatear todos los recovecos, correr, revolcarse en la hierba...

«Ha sido tan feliz», vuelve a recordar. «Hemos, hemos sido tan felices juntos», rectifica.

Sonríe, tranquilo, y comienza a repasar todo el camino que lleva tras de sí. ¿Cuánto tiempo lleva en ese lugar? ¿Cuántos animales ha conocido? ¿Cuántos miedos ha enfrentado? ¿Cuántas lecciones aprendidas?

Sigue caminando, mirando al suelo, viendo cómo sus huellas quedan en el terreno. Piensa que ahora no ve a su lado las huellas de Arenita, pero recordando las palabras del quetzal y del delfín, se siente agradecido. Tuvo la suerte de saltar en los charcos junto a ella. Tuvo una compañera de estudio, de sueños, de vida. Alguien con quien navegar mareas y compartir eco en la montaña. No cambiaría nada de lo vivido a su lado. Porque, ahora sí, siente la fortuna de haber compartido y aprendido de ella. Porque, ahora sí, Arenita es eterna.

Absorto en sus pensamientos, no se ha percatado de que lleva varios metros siguiendo un camino de huellas que se entrelazan con las suyas. Parecen las de Arenita, pero son más grandes.

Al verlas, guiado por la curiosidad, las sigue; ha olvidado ya al colibrí y su estela hace un buen rato.

Las huellas desaparecen en una zona de mucha vegetación. Imposible seguir el rastro. Lucio se desilusiona, pero piensa que, en realidad, su objetivo era seguir al colibrí. No tiene tiempo para más aventuras.

Justo cuando está a punto de darse la vuelta, escucha que algo se mueve entre la exuberante vegetación. Observa, con expectación. Le cuesta distinguirlos, pero poco a poco aprecia cómo unos ojos brillantes le vigilan. Entonces, un imponente jaguar se asoma entre los arbustos.

Lucio se asusta, permanece inmóvil, aterrado, incapaz de moverse. Una cosa es ser valiente, y otra no tener miedo cuando tienes un JAGUAR delante de ti.

—Tranquilo, chico, no te haré daño. ¿Cómo te llamas?

—Lu-lu-lucio —dice tragando saliva, pretendiendo ocultar su temor—. El niño explorador...

—Que recuerda bonito, ¿no es así? —adivina.

—¿Cómo lo sabes? —Se relaja viendo que aquella bestia es inofensiva.

—No lo sé, lo veo. Brillas en colores. Recuerdas bonito, no hay duda. Y además eres fuerte.

—¿Por qué? —Permanece inmóvil.

—Hay que ser fuerte y valiente para llegar hasta aquí —comenta acercándose y observando al niño.

—No lo sé... —responde Lucio mirando hacia el suelo con algo de vergüenza—. He pasado mucho miedo.

—¿Miedo a qué? Ser valiente no significa nunca tener miedo.

—No lo sé. Supongo que... —Suspira—. A olvidarla.

—Llegar al final del Camino del Duelo no significa olvidar, sino reubicar.

—Re... ¿qué?

—Olvídalo, lo entenderás al final del camino. A lo que iba: no se trata de no tener miedo, sino de saber qué hacer con él.

—Pero he llorado mucho —responde sin escuchar—. También he tenido prisa por volver, he parado en mitad del camino sin hacer nada mientras culpaba a todos los demás por no sacarme de aquí.

—Y siempre, después de reponerte, has seguido el camino. Ser valiente es eso, seguir adelante a pesar del miedo. Y...

—Me hundí en un lago —le interrumpe Lucio continuando sin hacer caso a las palabras del jaguar—. Y estuve a punto de ahogarme por estar mucho tiempo buceando en la culpa.

—Salir a la superficie y respirar hondo —continúa el jaguar—. Volver a coger aliento para continuar el camino.

—También hablé mal a un alacrán y a mí mismo, por eso volví a la cueva.

—Significa darte cuenta de tus errores y aprender de ellos. Dejar de ser tormenta para ser refugio.

—Casi me ahogo en el mar por perder la calma.

—Significa brillar en plena oscuridad. Aceptar el sentido de la corriente y adaptarte al viento.

—Echo tanto de menos a Arenita... —Comienza a llorar, abatido después de tanto camino—. A veces solo tengo ganas de esconderme y llorar.

—**Ser valiente también es ser sensible.** No debes tener vergüenza por sentir todas las emociones. Como habrás visto, son muchas en esta travesía. La mayoría poco agradables, pero necesarias.

—¿Para qué necesito yo estar triste?

—Si no sintiéramos tristeza, no iniciaríamos este camino. Y **sin camino, no hay progreso, no hay avance, no hay aprendizaje.** Seguirías siendo «Lucio a secas».

Lucio se queda mirando fijamente a los ojos del jaguar. Le recuerdan a los de Arenita: marrones color miel, con diferentes tonos según la incidencia de la luz. Con la misma mancha cerca de la pupila. Unos ojos fuertes; a veces tímidos y otras curiosos, pero siempre puros y sinceros.

Se oye un sonido a lo lejos que sobresalta a ambos. Lucio se gira para ver de dónde viene, pero no ve nada. Para cuando se vuelve a mirar al jaguar, este ya se ha adentrado en la maleza.

El niño se encoge de hombros y continúa su camino.

Lleva varios kilómetros pensando en todo lo que el animal le ha contado: «Entonces, según el jaguar, no puedo estar muy lejos de casa. Ya no soy "Lucio a secas", ahora soy "Lucio, el niño explorador que recuerda bonito", aunque me falta algo más...».

Es entonces cuando Lucio se da cuenta de que aquella pregunta que tanto se repetía «¿Por qué?» se estaba transformando en un «¿Para qué?». «¿Para qué ha pasado?», «¿Qué puedo hacer con lo que ha sucedido?». Entiende que hay que seguir la corriente, como dijo la tortuga.

Y es entonces, solo entonces, cuando a lo lejos divisa al colibrí posado en el alféizar de una ventana.

¡La ventana de su casa!

El valiente explorador que recuerda bonito corre en aquella dirección sin poder creer que de verdad, por fin, esté en casa.

Al acercarse al colibrí, espera que este alce el vuelo. Sin embargo, permanece inmóvil observándolo.

—Ya estás en casa, Lucio. Has sido muy valiente.

—Un momento... ¿Hablas? ¿Por qué no me indicaste el camino? —pregunta defraudado.

—No podía. Tenías que encontrarlo tú mismo.

—¿Por qué he tardado tanto?

—Porque cuesta asimilar que ya no está. Superar el duelo, llegar a casa, es volver a ser nosotros mismos. Es llenar el vacío. Entender que si pudimos vivir cosas maravillosas en el pasado, podemos crear nuevos recuerdos, también maravillosos, en el presente.

—Pero yo no quiero olvidarla.

—Nunca la vas a olvidar. Superar el duelo no es sinónimo de olvidar, sino de reubicar.

—De eso me habló el jaguar. Pero no lo entendí.

—Reubicar significa darle otro lugar. Ya no está a tu lado, pero seguirá existiendo cada vez que sonrías recordando cualquier momento vivido a su lado, en cada canción que te recuerde a ella, detrás de esa fuerza que te impulsa a hacer cosas nuevas, en cada uno de los lugares donde sabes que serías feliz o en cada una de sus enseñanzas que pongas en práctica.

—Pero si ya he llegado a casa... ¿por qué sigue doliendo?

—Siempre va a doler.

—¿Cómo? Todos dijisteis que dejaría de doler —se queja sintiéndose, una vez más, engañado.

—Nadie dijo eso. Querías volver a casa, volver a ser tú. Ya no eres «Lucio, el mejor narrador de aventuras, el ser más creativo del planeta». Ahora eres «Lucio, el valiente explorador que recuerda bonito». No es lo mismo, cierto. Nunca volverás a ser el mismo después de esta travesía. Nadie vuelve a serlo cuando atraviesa el Camino del Duelo. Uno vuelve más fuerte, más valiente, más resiliente. Por contra, siempre habrá un hueco en el corazón donde nunca volverá a florecer.

—Eso es... horrible.

—Eso es el duelo. No se trata de que no duela, sino de saber qué hacer con ese dolor. Transformarlo en algo bonito.

—¿Como en un cuento?

—Por qué no...

—Entonces seré «Lucio, el valiente explorador que escribe y recuerda bonito».

—Ahora sí. Bienvenido a casa.

© Marta Muñoz Galilea (de la obra)
©Apuleyo Ediciones (de esta edición)
Primera edición en Apuleyo Ediciones: febrero 2025
Diseño de cubierta: Alejandro Bermejo Cercas
Corrección: Aida Ramos
Maquetación: Alejandro Bermejo Cercas
Ilustraciones: Michelle Veneziano
Coordinación editorial: Isidoro Cidre González
info@apuleyoediciones.com
www.apuleyoediciones.com
ISBN: 978-84-1060-494-0
Depósito legal: H 638-2024

Hecho e impreso en España.